Charlotte Inden

Bei mir zu Hause wohnt ein Tiger

Charlotte Inden

Bei mir zu Hause wohnt ein Tiger

Kleine Geschichten
zum Vorlesen

Mit Illustrationen von Pe Grigo

Carl Hanser Verlag

Für den echten Oskar

von Mama

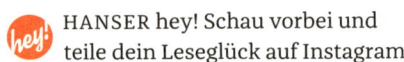 HANSER hey! Schau vorbei und
teile dein Leseglück auf Instagram

Erscheint als Hörbuch bei Der Audio Verlag,
gelesen von Jochen Bendel

1. Auflage 2019

ISBN 978-3-446-26215-7
© 2019 Carl Hanser Verlag GmbH & Co. KG, München
Umschlag: Pe Grigo
Satz im Verlag
Druck und Bindung: Friedrich Pustet, Regensburg
Printed in Germany

Das sind wir

Unter meinem Bett wohnt ein Tiger.

Er will da aber nicht mehr wohnen, es ist ihm zu dunkel. Und zu eng. Er will lieber Ball spielen.

»Mama«, sage ich zu meiner Mama, »Theo Tiger will raus und Ball spielen.«

»Aber nicht alleine, mein Schatz«, sagt meine Mama, ohne mich anzusehen. Sie sitzt an ihrem Computer und tippt auf den Tasten herum.

»Theo Tiger ist ja nicht alleine«, erkläre ich. »Ich bin doch dabei.«

Meine Mama hört auf zu tippen. Sie guckt mich an und seufzt.

Das heißt, sie würde jetzt lieber in Ruhe arbeiten. So viel verstehe ich. Und ich verstehe nicht viel, sagt meine große Schwester Klara.

»Ich meinte, du und Theo, ihr könnt nicht alleine rausgehen«, sagt meine Mama.

»Dann darfst du mich nie mehr ins Bett bringen!«, rufe ich.

»Hase«, sagt meine Mama.

»Ich bin kein Hase«, rufe ich. »Ich bin Oskar!«

In der Küche sitzt Papa und liest in einer Zeitung und trinkt einen Kaffee.

»Papa«, sage ich zu meinem Papa. »Theo Tiger muss jetzt unbedingt raus und Ball spielen.«

»Echt?«, sagt mein Papa. »Aber es regnet immer noch. Spielt lieber drinnen.«

»Dann darfst du mir nie, nie mehr vorlesen!«, brülle ich.

Im Kinderzimmer liegt Klara auf ihrem Bett und guckt ein Buch an.

»Klara«, sage ich zu Klara, »magst du auf den Spielplatz? Theo Tiger darf nicht alleine gehen.«

Klara lässt das Buch sinken. »Er ist doch nicht alleine«, sagt sie. »Du bist doch dabei.«

Ich trete noch einen Schritt näher. »Aber es regnet«, sage ich.

»Stimmt«, sagt Klara. »Deshalb lese ich ja ein Buch.«

Da legen Theo und ich uns neben Klara. Ganz nah. Und gucken mit ihr zusammen das Buch an.

Ein Tiger kommt nicht darin vor. Aber Elefanten.

Mein Geburtstag

Ich habe Geburtstag.

Ich hatte schon mal Geburtstag. Zu meinem zweiten Geburtstag habe ich Theo Tiger bekommen. Das hat mir Klara erzählt.

Dieses Mal brennen drei Kerzen auf meinem Feuerwehrkuchen.

Ich kann bis drei zählen.

Ich kann sogar bis zehn zählen.

Und bis neunzehn.

Ich kenne hundert.

Und tausend.

Ich bin ja jetzt auch schon drei Jahre alt.

Ich puste alle drei Kerzen aus. Theo Tiger hilft ein bisschen.

Mama, Papa und Klara singen für mich.

Auf dem Küchentisch stehen mein Kuchen und Geschenke und Blumen. Die Geschenke sind in buntes Papier eingewickelt, die Blumen sind gelb. Osterglocken sind das, sagt Mama. Es sind ihre Lieblingsblumen. Meine auch, sage ich.

Über dem Küchentisch hängt eine Girlande, die Papa aus Luftballons gemacht hat. Aus blauen, roten und welchen in Pink.

Pink ist meine liebste Farbe.

Und Rot.

Und Blau mag ich natürlich auch.

Und all die anderen Farben.

Und ich mag Luftballons.

Früher, als ich noch zwei war, konnte ich nicht »Luftballons« sagen.

Papa sagt, ich hätte »Fuftallönge« gesagt.

Das finde ich lustig.

»Mama, früher habe ich Fuftallönge gesagt«, erzähle ich meiner Mama.

»Ja, mein Schatz, ich weiß«, sagt sie und gibt mir einen Kuss.

»Aber jetzt sage ich das nicht mehr«, sage ich.

»Nein«, sagt sie.

»Denn jetzt bin ich ja groß.«

»Ja, mein Süßer, das bist du«, sagt sie. Und dann küsst sie mich ganz oft und drückt mich ganz doll. »So«, sagt sie dann. »Willst du denn jetzt mal deine Geschenke auspacken?«

Ja, das will ich.

Theo Tiger

Theo Tiger möchte nicht ohne mich sein.

Wenn ich ihn alleine lasse, heult er wie ein trauriger Wolf.

Also nehme ich ihn überallhin mit.

Aufs Klo. Zum Frühstück. In die Kita. Auf den Spielplatz.

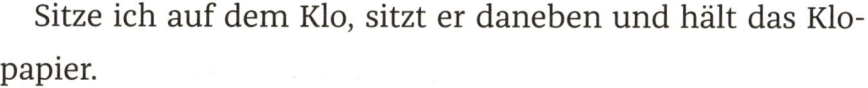

Sitze ich auf dem Klo, sitzt er daneben und hält das Klopapier.

Esse ich mein Müsli, liegt er neben der Müslischale und döst noch ein bisschen.

In der Kita sind wir dann schwer beschäftigt. Wir müssen spielen, spielen, spielen. Und essen. Und manchmal schlafen. Aber schlafen tun wir eigentlich fast gar nie mehr, denn schlafen tun in der Kita nur die Babys, die noch keine drei sind. Nur manchmal bin ich sehr müde. Das weiß ich, weil Mama morgens zu mir gesagt hat: »Ach Oskar, du armer Hase, du bist ja ganz müde.« Dann lege ich mich auf meine Matratze zwischen Enno und Luise, und Theo Tiger kriecht zu mir unter die Decke.

Wenn er wach wird, ist er sehr grantig. Aber sobald er etwas zu essen gekriegt hat, wird es besser.

Er darf mit aus meiner Knabberdose essen. Am liebsten hat er die kleinen Plätzchen, die aussehen wie Tiere.

Danach kommt Mama uns abholen. Und wir gehen auf den Spielplatz.

Theo Tiger soll nicht mit in den Sand. Weil er da dreckig wird. »Theo wartet bei mir«, schlägt meine Mama vor.

»Das mag ich aber nicht«, sage ich.

»Theo ist doch müde.«

»Nein, er hat schon geschlafen«, sage ich.

»Und auf der Schaukel wird ihm sicher schlecht.«

»Gar nicht«, sage ich.

»Und wenn er runterfällt?«

Ich verstumme.

»Du hast doch gar keine Hand frei. Soll er nicht lieber doch bei mir sitzen und dir zugucken?«

»Okay!«, rufe ich und renne zur Schaukel.

Enno rennt hinterher.

Wir spielen noch ganz lange.

Mein Rucksack

Ich habe einen Rucksack.

Der Rucksack ist rot.

Mama und Papa haben ihn mir zum Geburtstag geschenkt. Ich soll da meine Knabberdose für die Kita reinpacken. Und Wechselsachen, falls ich es mal nicht bis zum Klo schaffe.

Das mache ich aber nicht.

Ich räume in den Rucksack meine eigenen Sachen. Mein gelbes Seil. Meine Kappe mit den blauen Streifen. Und natürlich Theo Tiger.

Wenn meine Mama noch etwas anderes hineinräumen will, brülle ich los.

Wenn ich morgens losbrülle, ist es sehr wahrscheinlich, dass Mama mitbrüllt. Sie verliert morgens schnell die Nerven, sagt sie. Da sollte sie wohl besser auf ihre Nerven aufpassen, finde ich.

»Meine Nerven!«, brüllt sie also.

»Mag ich aber gar nicht!«, brülle ich.

»Uah!«, macht Theo.

Und so brüllen wir alle drei. Mama, Theo und ich.

Danach entschuldigt Mama sich.

Ich entschuldige mich auch, weil Mama mich darum bittet. Ich sage: »'tschuldigung!« Ich sage es allerdings ziemlich laut. Eigentlich schreie ich es fast.

Dann mache ich den Rucksack zu, in dem mein gelbes Seil, meine Kappe mit den blauen Streifen und natürlich Theo Tiger sind.

Und meine Mama räumt meine Knabberdose und meine Wechselsachen in ihren Rucksack.

Ich tröste sie. »Deiner ist ja auch viel größer als meiner«, sage ich.

Wir sind Räuber

Heute sind Theo und ich Räuber.

Klara sagt, Räuber haben aber keinen Tiger.

Mama sagt, Klara soll mich in Ruhe lassen.

Enno findet es nicht die Spur seltsam, dass Räuber einen Tiger haben.

Enno ist mein Freund.

Er geht in denselben Kindergarten wie ich. Sogar in dieselbe Gruppe.

Wir sitzen nebeneinander, wenn wir essen.

Manchmal teile ich meine Rosinen mit Enno.

Manchmal teilt Enno seine kleinen Salzbrezeln mit mir.

Manchmal tut er es nicht.

Dann sage ich: »Enno ist nicht mehr mein Freund.«

Dann sagt er: »Oskar ist nicht mehr mein Freund.«

Dann gehen wir Lego spielen. Und sind wieder Freunde. Und bauen für Theo ein Gehege.

Wenn wir Räuber spielen, haben wir Stöcke als Pistolen. Nach der Kita laufen wir durch die Büsche neben dem Spielplatz. Theo läuft mit.

»Piu, piu«, rufen Enno und ich.

Theo brüllt sein Tigergebrüll.

Plötzlich steht meine Mama vor uns. Da, zwischen den Büschen.

»Habt ihr uns nicht rufen gehört?«, fragt meine Mama.

Nö. Haben wir nicht. Wir waren Räuber.

Meine Mama schimpft. »Ihr sollt nicht so weit weglaufen«, sagt sie. »Wir müssen euch immer sehen können. Und ihr uns. Das wisst ihr doch.«

Ja. Kann sein.

Können wir jetzt weiterspielen?

»Ja«, sagt meine Mama.

»Ihr Räuber.«

Nebenan wohnt ein Hund

Theo Tiger, Klara, Mama, Papa und ich wohnen in einem großen alten Haus mit vielen anderen Leuten.

Das sind Nachbarn.

In der Wohnung neben uns wohnt Andrea. Andrea hat einen Hund. Wir müssen an ihrer Tür vorbei, wenn wir die Treppe hinuntergehen wollen. Das ist schwierig.

Denn Theo Tiger hat Angst vor Hunden. Er will dann getragen werden.

Klara lacht darüber. »Wie kann ein Tiger Angst vor Hunden haben?«

Kann er halt.

Armer Theo.

Klara sollte nicht über ihn lachen.

Jetzt hat sie aufgehört.

»Große Hunde finde ich auch doof«, sagt sie.
»Aber Arno ist ja ganz klein. Und wuschelig. Kleine wuschelige Hunde sind niedlich. Und bestimmt lieb.«

Arno ist Andreas Hund.

Klara klingelt bei Andrea, um zu fragen, ob Arno lieb ist.

Andrea sagt, dass er das ist.

Theo Tiger kommt unter dem Bett hervor.

Andrea fragt, ob wir Arno kennenlernen wollen.

»Okay«, sage ich.

Theo will Arno nicht anfassen.

Aber weglaufen tut er auch nicht.

»Jetzt kennt ihr euch persönlich«, sagt Andrea.

Als wir das nächste Mal an Andreas Tür vorbeigehen und Arno bellen hören, sage ich zu meiner Mama: »Das ist Arno.«

Und gehe einfach weiter.

Und muss nicht getragen werden.

Wir lachen

Wir haben einen kleinen Balkon, da sitzen Mama und Papa manchmal abends drauf und reden. Mama hat dann die Kuscheldecke vom Sofa auf den Knien. Denn so warm ist es abends noch nicht, sagt sie. Tagsüber schon.

Ich weiß nicht, was sie reden, aber es geht so hin und her, vor und zurück. Wie Wellen am Meer.

Schön klingt das.

Ich schlafe darüber ein.

Manchmal sitze ich mit auf dem Balkon, und Mama liest mir und Klara ein Buch vor. Oder Papa liest mir und Klara ein Buch vor.

Am schönsten ist es, wenn Papa mir und Klara und Mama ein Buch vorliest. Er kann auch so gut die Stimme verstellen. Und mindestens so gut »Uah!« brüllen wie Theo Tiger. Vielleicht sogar besser.

Einmal hat er abends auf dem Balkon beim Buchvorlesen »Uah!« geschrien. Und wir haben gelacht. Und dann hat Herr Schmitteckert von unten angefangen zu schimpfen.

Man kann nämlich zu laut lachen.

Sagt Herr Schmitteckert, unser Nachbar.

Mein Papa sagt, das ist Quatsch.

Aber trotzdem hat er sich entschuldigt und gesagt, wir würden nun leiser sein. Und drinnen lachen.

Seitdem beeilen Theo und ich uns, an Herrn Schmitteckerts Tür vorbeizukommen, wenn wir zum Spielplatz gehen.

Weil wir nur den kleinen Balkon haben, gehen wir oft zum Spielplatz.

Mama, Klara, Theo und ich.

»Nur zu Hause in der Bude hocken geht nicht, da drehen sie durch«, sagt Mama zu Anette. Anette ist Ennos Mama.

Ennos Mama nickt. Sie kennt das, sagt sie.

Ich weiß nicht, wovon die beiden reden. Ich stürme das Piratenschiff. Das steht auf dem Spielplatz. Nicht weit von unserem Räuberwald.

»Ich bin ein Pirat!«, rufe ich.

Und ich lache ganz laut.

Haarewaschen

Heute soll ich baden.

Das ist nicht das Problem.

Das Problem ist, dass ich auch die Haare gewaschen kriegen soll.

Ich weiß es ganz genau.

Mama und Papa geben es nur noch nicht zu.

Wenn ich frage: »Aber auch Haare waschen?«, sagen sie: »Mal schauen. Jetzt plansch doch erst mal ein bisschen.«

Wenn ich sage: »Ich will aber nicht die Haare waschen!«, sagen sie: »Das wissen wir. Aber hin und wieder müssen wir die Haare waschen. Sonst fangen die an zu stinken. Und du hast so viel Sand drin. Vom Spielplatz.«

Theo Tiger haben wir noch nie die Haare gewaschen. Und Theo Tiger stinkt nicht.

»Ja«, sagen Mama und Papa. »Aber Theo Tiger ist ja eine Katze. Eine große. Eine Raubkatze. Der putzt sich doch selbst das Fell.«

Wie das?

»Er leckt es sich sauber. Erst macht er die Pfote nass, dann streicht er sich mit der nassen Pfote übers Fell.«

Ich beginne, meine Hand abzulecken.

»Oskar!«, rufen Mama und Papa.

»Aber wenn Theo das doch auch darf!« Ich finde es unge-
recht. Und will eigentlich noch ein bisschen übellaunig sein.

Aber in der Wanne ist es so nett. Mama hat mir Schaum gemacht. Und Papa hat meine Boote geholt.

»Guck mal, Theo«, rufe ich, »damit kannst du zurück nach
Afrika fahren.«

»Asien«, sagt Papa.

»Wohnen da die Tiger?«

»Ja.«

»Da will ich mal hin.«

»Ja«, sagt Papa. »Ich auch. Wusstest du übrigens, dass
Tiger sehr gerne baden? Sie springen dann ins Wasser und
tauchen richtig unter.«

»Kriegen sie dabei Wasser in die Augen?«

»Ja.«

Echt? Ich schubse mein Boot noch einmal bis zu meinen
großen Zehen. Und als Papa mir dann die Haare waschen
will, schreie ich so wenig es geht.

Puppentheater

Wir gehen ins Puppentheater.

Nur Papa und ich.

Und Theo Tiger natürlich.

Mama und Klara machen etwas anderes. Ich habe vergessen, was.

Papa, Theo und ich gehen gerne ins Puppentheater. Ich war schon einmal da.

Dieses Mal gucken wir die Geschichte vom kleinen Maulwurf, der wissen wollte, wer ihm auf den Kopf gemacht hat.

Ein Mann schlägt auf einen großen Gong, alle Kinder und Eltern werden still, und es geht los.

Theo und ich rücken ein bisschen näher an Papa heran. Eigentlich schon beinahe auf seinen Schoß.

Das Licht ist aus, nur auf der Bühne ist es hell. Eine Frau steht da. Sie hat eine komische Brille an und brummt.

Papa sagt mir leise ins Ohr, dass sie eine Fliege spielt.

»Das ist lustig«, sage ich zu Papa.

Ich bleibe aber trotzdem nah bei ihm sitzen. Theo und ich könnten uns direkt vorne bei der Bühne auf die Bänke setzen. Da sind auch andere Kinder. Aber Theo will nicht. Und ich auch nicht.

Die Fliege ist lustig. Und der Maulwurf ist auch lustig. Er

hat die ganze Zeit Kacka auf dem Kopf. Und findet das gar nicht gut. Wahrscheinlich, weil es stinkt. Das macht Kacka nämlich.

Der Maulwurf fragt die Ziege, ob sie ihm auf den Kopf gemacht hat. Und das Schwein. Aber dann fragt er auch das Pferd und die Kuh. Und die sind wirklich groß.

»Ich möchte rausgehen«, sage ich zu Papa.

Aber Papa sagt leise: »Guck mal, das ist nur eine Puppe. Aus Plüsch. So wie Theo.«

Wie Theo?

Theo ist viel kleiner. Theo kann man knuddeln und drücken und halten.

Ich halte Theo, Papa hält mich.

Dann macht der Maulwurf dem Hund auf den Kopf, und alle lachen. Und klatschen.

Ich auch.

Und dann geht das Licht wieder an.

»Wie war's?«, fragt Mama hinterher.

»Ein bisschen gruselig«, sage ich.

»Oje«, sagt Mama. »Mein armer Hase. Das tut mir leid.«

Ich sage: »Lass mich doch mal ausreden, Mama! Ein bisschen gruselig, aber gut. Kann ich bitte bald wieder ins Puppentheater?«

Leonie hat gehauen

Leonie hat mich gehauen.

Sie hat gesagt, ich habe Enno gehauen. Habe ich aber gar nicht.

Sie hat mich so doll in den Rücken gehauen. Da musste ich weinen.

Nach der Kita erzähle ich es Mama.

Mama fragt, ob ich es denn den Erzieherinnen gesagt hätte.

Nein, habe ich nicht.

»Warum nicht?«, fragt Mama.

Weiß ich nicht.

Mama findet das nicht gut. Mama knuddelt mich. Und knuddelt mich wieder. Daran merke ich es.

»Ich habe es Theo Tiger gesagt«, sage ich zu Mama.

Da knuddelt Mama auch Theo Tiger.

»Das nächste Mal«, sagt Mama, »musst du es aber der Susanne sagen. Oder der Beril.«

Die Susanne und die Beril sind Erzieherinnen.

»Machst du das?«

Na gut.

»Man darf nicht hauen«, sagt Mama.

Okay.

Mama überlegt. »Aber die Leonie haut ganz schön oft.«

Ich streichle Theo Tiger.

»Oskar?«

»Ja?«

»Also eigentlich hauen wir nicht. Aber wenn dich jemand haut, obwohl du Nein gesagt hast und obwohl die Erzieherinnen Nein gesagt haben, dann darfst du dich wehren. Verstehst du das?«

Ich schaue sie an.

»Ja? Verstehst du das?«

Ich weiß nicht.

Aber ich nicke einmal, und Mama ist froh. Sie knuddelt mich und Theo schon wieder. Und dann macht sie mit uns ein Puzzle.

Mein Roller

Ich habe einen Roller.

Der Roller ist blau und hat eine orange Bremse.

Ich trage einen Helm, wenn ich Roller fahre.

Der Helm ist rot.

Er hat einen Kinnriemen, den ich selber zumachen kann. Nur aufmachen kann ich ihn nicht.

»Mama«, sage ich, »kannst du ihn aufmachen?«

Wir sind gerade auf dem Spielplatz angekommen.

Mama macht den Riemen auf, ich hänge den Helm über meinen Rollerlenker und gehe mit Enno eine Runde rutschen.

Dann renne ich zurück zu meinem Roller, setze meinen Helm auf, mache den Riemen zu und rollere einmal um den Spielplatz.

Das darf ich.

Weiter wegfahren darf ich nicht.

Dann halte ich neben Mama, die auf einer Bank sitzt, strecke ihr mein Kinn entgegen und sage: »Mama, kannst du den aufmachen?«

Mama redet mit Anette.

»Mama!«, rufe ich. »Aufmachen!«

»Jaja«, sagt Mama, »ist ja gut. Wieso hast du den Helm überhaupt schon wieder an?«

»Na, weil ich Roller gefahren bin.« Was für eine Frage.

»Und gleich fahre ich wieder Roller«, teile ich ihr mit. »Ich muss nur eben noch mal rutschen gehen.«

Ich renne zu Enno, wir klettern die Leiter hoch und rutschen. Dann renne ich zurück zu meinem Roller.

»Dein Sohn«, sagte Anette zu Mama, »steht überhaupt nie still. Der muss doch abends wie ein Stein ins Bett fallen.«

»Ha!«, sagt meine Mama da. »Hast du eine Ahnung.«

Ich will nicht wie ein Stein ins Bett fallen.

»Mama«, sage ich, bevor ich losrollere. »Ich will heute Abend mit dir noch ein Puzzle machen. Und ein Buch lesen. Und Peppa Wutz gucken. Und Süßigkeiten essen.«

Anette lacht.

Mama nickt. »Ich weiß, mein Hase.«

Na, dann ist es ja gut.

Mein Bett

Mein Bett hatte früher Gitterstäbe.

Wenn man ganz klein ist, müssen die Betten Stäbe haben, damit man nicht rausfällt. Aber jetzt bin ich ja groß.

Papa hat auch schon ganz viele Stäbe weggemacht. Nur neben meinem Kopf und neben meinen Füßen stehen noch ein paar. Das ist gut, weil so Theo Tiger und Teddy und Fuchs nicht hinausfallen können. Und meine Füße auch nicht.

Und das ist gut, weil Klara so immer noch eine Decke über mein Bett hängen kann und es dann eine Höhle ist, eine Räuberhöhle. Und durch das Loch zwischen den Stäben können wir Räuber ganz bequem ein- und aussteigen.

Nur für Mama und Papa ist das Loch nicht so bequem.

Abends, wenn Mama und Klara und ich lesen, kuscheln wir uns auf das Matratzenlager im Kinderzimmer. Das ist genau dafür da. Und dafür, dass Papa da mal schlafen kann. Oder eher Mama.

Wenn Mama und Klara und ich fertig gelesen haben, krabble ich in mein Bett. Und wenn Mama mir dann Gute Nacht sagt, rutscht und robbt sie so weit durch die Gitteröffnung, wie es geht. Dann legt sie ihren Kopf neben meinen auf das Kissen. Wir liegen zusammen zwischen Theo Tiger und Teddy und Fuchs. Das ist gemütlich. Finde ich.

Mama aber mag gar nie so lange bleiben. Und wenn sie dann wieder rauskriecht, muss sie stöhnen, weil ihr der Rücken wehtut.

»Wir müssen jetzt endlich ein neues Bett für Oskar kaufen«, sagt Papa, als Mama mal wieder stöhnt, dass ihr Rücken nie wieder in seine normale Form zurückfinden wird. »Ein großer Junge braucht ein großes Bett, oder, Oskar?«

Au ja.

Nur meine Höhle werde ich vermissen.

Aber Klara sagt, wir bauen dann eine unter dem Küchentisch.

Und Papa sagt, er baut mir ein Zelt über mein Bett, wenn ich will.

Und Mama sagt, sie kommt mir auch in meinem neuen Zelt-Bett Gute Nacht sagen. Nur unter den Tisch will sie lieber nicht.

Oma und Opa

Oma und Opa kommen uns besuchen.

Sie fahren mit der Eisenbahn. Ganz früh morgens sind sie losgefahren. Und sie kommen schon an, als wir gerade mit dem Frühstück fertig sind.

Wir freuen uns so, Klara und ich.

Oma und Opa freuen sich auch, glaube ich. Jedenfalls spielen sie den ganzen Tag mit uns. Und sagen nicht: »Och nee, Oskar, jetzt gerade mag ich nicht Ball spielen.« Und auch nicht: »Nein, Oskar, wir haben schon drei Bücher angeschaut, das reicht.«

Nein, Oma schaut auch noch mal drei Bücher mit mir an. Und Opa spielt gerne immer und immer wieder Ball mit mir.

Und mit Klara. Und mit Theo Tiger.

Wir setzen Theo ins Tor. Das war Klaras Idee.

»Leider ist er kein sehr guter Torhüter«, sagt sie.

Das stimmt. Theo lässt jeden Ball durch.

»Tor!«, schreien wir.

Es ist wirklich schön, wenn Oma und Opa da sind.

Auch wenn sie finden, wir sollten etwas mehr auf Mama und Papa hören. Und etwas leiser reden, wenn wir ins Restaurant gehen. Und nicht die Finger benutzen, wenn wir Nudeln essen.

Ja, aber wie soll ich dann die Nudel auf den Löffel kriegen? Die ist so rutschig.

»Mit der Gabel«, sagt Oma im Restaurant. »Versuche es mal, Oskar.«

Ich will das jetzt aber nicht versuchen.

Ich nehme Theo Tiger auf den Schoß.

»Nicht beim Essen«, sagt Opa.

»Der wird doch dreckig«, sagt Oma.

Dann esse ich jetzt eben gar nichts mehr.

»Magst du vielleicht doch ein bisschen Soße?«, fragt Oma. »Da sind Möhren drin. Die sind lecker.«

»Und gesund«, sagt Opa.

Bäh, denke ich. Aber ich sage: »Ich mache jetzt lieber eine Pause.« Und schiebe die Soße weg.

Da lachen Oma und Opa.

Und Theo setzt sich wieder in Mamas Rucksack.

Und ich bestelle mir ein Eis.

Schokolade.

Hoffentlich kommen Oma und Opa bald wieder.

Nur Oma

Manchmal kommt Oma auch alleine.

Weil Opa keine Zeit hat. Sagt Oma.

Wenn Oma alleine kommt, dann übernachtet sie sogar bei uns. Sie schläft dann im Wohnzimmer auf dem Sofa. Und das finden wir gut.

Wir sitzen dann abends alle im Schlafanzug in Omas Bett. Also auf dem Sofa. Zwischen Omas Decke und den Kissen.

Klara und Theo und ich und Oma und oft Mama und manchmal auch Papa. Aber das wird dann eng.

Und wir lesen nicht nur. Obwohl wir viel lesen. Bilderbücher und Bücher ohne Bilder. Oma weiß Sachen, die Mama und Papa nicht wissen. Dass der Bauer auf dem Traktor Zahnschmerzen hat, zum Beispiel, und deshalb so traurig guckt. Und dass die Katze gerade Junge gekriegt hat. Und dass der kleine Junge auf dem Fahrrad zum Klavierunterricht fährt.

Wenn wir dann mit Lesen fertig sind, fahren wir Auto. Oder mit dem Heißluftballon. Die Decken und die Kissen müssen auf genau die richtige Weise aufeinandergelegt und zusammengedrückt werden, damit sie ein Auto sind oder ein Heißluftballon. Das kann nur Oma.

Sie sagt: »Oh, guckt mal, da fliegt ein Gänseschwarm neben uns her.«

Und wir sagen Hallo zu den Gänsen.

Und Theo hat Angst, weil wir so hoch fliegen.

Darum landen wir und fahren lieber Auto. Ganz schnell. Es ist nämlich ein Rennauto.

Und Theo wird schlecht.

Mir aber nicht.

Ich könnte immer weiter mit Oma Auto fahren.

Aber am nächsten Tag fährt Oma wieder nach Hause.

Theo ist traurig.

Und ich bin es auch.

Beim Abholen

Wenn Mama uns von der Kita abholt, holt sie zuerst mich und Theo Tiger und dann Klara. Weil meine Gruppe ganz oben unter dem Dach ist und Klaras ganz unten und Mama nicht Klaras Sachen erst alle Treppenstufen hinauf- und dann wieder alle Treppenstufen hinuntertragen will. Sagt sie.

Wenn Papa kommt, holt er auch erst mich und dann Klara ab. Er sagt, er hat keine Lust, Klara erst alle Treppenstufen hinauf- und dann wieder hinunterzutragen.

Klara und ich gehen nämlich nicht so gerne Treppen rauf. Runter meistens schon.

»Abgeholt, abgeholt«, ruft Enno, als er Mama sieht.

»Abgeholt, abgeholt«, rufen dann Enno und Luise und die anderen.

Und ich lasse die Legosteine fallen, laufe zu Mama und rufe: »Mama!«

Und Mama fängt mich auf und hebt mich hoch und gibt mir einen Kuss.

Oder sie geht in die Hocke, und ich renne in ihre Arme, und sie gibt mir einen Kuss.

Und Luise sagt zu meiner Mama: »Weißt du, der Oskar hat mich geschubst.«

Und Enno sagt zu meiner Mama: »Ich darf bei meiner Tante schlafen.«

Und Mama sagt: »So? Das ist ja toll. Und wirklich? Schubsen soll der Oskar natürlich nicht.«

Und ich sage: »Was machen wir heute?«

»Bibliothek«, sagt Mama. »Und Spielplatz. Einverstanden?«

Ja. Ich nicke.

Als wir die Treppe runtergehen und Luise und Enno und den anderen Kindern winken, fragt meine Mama: »Und, Hase, wie war es heute?«

»Gut«, sage ich und nehme ihre Hand.

»Was hast du denn gemacht?«

Die nächsten zwei Stufen springe ich mit einem Satz hinunter. Mama hält mich fest, sodass ich nicht falle.

»Oskar, was hast du denn heute gemacht?«

»Weiß ich nicht mehr«, sage ich. Ich lasse sie los und gehe jetzt rückwärts die Treppe runter.

»Und was gab es zum Mittagessen?«

Rückwärtsgehen geht nicht so gut.

»Hab ich vergessen«, sage ich. »Du, Mama, kommt der Enno auch mit auf den Spielplatz?«

»Ja«, sagt Mama seufzend. Und dann sind wir bei Klaras Gruppe, und ich renne rein, und die Kinder schreien: »Klara, abgeholt!«

Und Klara kommt her und lässt sich von Mama drücken und sagt: »Hallo, Oskar.«

Und sie sagt: »Mama, ich hab Hunger. Es gab Spinat und

Kartoffeln, die hab ich nicht gegessen. Nur den Spinat ein bisschen. Und wir haben ein Bild mit unseren Händen gemalt, ich habe nur Rot genommen. Aber das muss noch hierbleiben, das ist noch nicht trocken, das Bild.«

Und Mama lacht. Und sagt: »Soso. Oskar, hast du denn deinen Spinat gegessen?«

»Nein«, sage ich. »Und die Kartoffeln auch nicht.«

»Sollen wir euch dann jetzt vielleicht Brezeln kaufen?«

»Ja«, rufen wir.

Und gehen Brezeln kaufen.

In der Bibliothek

Ich gehe sehr gerne in die Apotheke.

»Nein«, sagt Mama, »die Apotheke ist dort, wo wir den Hustensaft kaufen.«

»Und immer die Bonbons geschenkt kriegen?«

»Ja, genau. Wir gehen jetzt aber nicht in die Apotheke, wir gehen in die Bibliothek.«

Aha. Also: Ich gehe sehr gerne in die Bibliothek.

Die Bibliothek ist dort, wo sie ganz viele Bücher haben. So viele Bücher. Und die kann man alle mitnehmen. Man muss sie nur irgendwann wieder zurückbringen. Und bevor man sie mitnimmt, muss man sie einer Maschine zeigen, bis die piept. Wenn man einfach so mit dem Buch zur Tür rausrennt, dann piept die Tür. Und alle Leute zucken zusammen. Und Mama muss brüllen.

»Oskar!«, brüllt Mama dann hinter mir her. »Komm wieder rein. Wir müssen das Buch doch erst ausleihen. Und überhaupt sollst du nicht immer wegrennen. Oskar? Oskar!«

»Hab ich vergessen«, sage ich, als ich wieder neben ihr stehe. »Darf ich das Buch ausleihen?«

Ich darf. Ich darf mich aber nicht auf einen Stuhl stellen, damit ich besser an die Ausleihmaschine rankomme. Der Stuhl, den ich rangeschoben habe, hat ein Polster, und die

Bibliotheksfrau sagt, ich mache mit meinen Schuhen das Polster dreckig.

»Das macht man aber nicht«, sagt sie.

Mama sagt Entschuldigung. Dabei hat sie sich ja gar nicht auf den Stuhl stellen wollen.

Mama schiebt den Stuhl schnell wieder weg.

Ich stelle mich auf die Zehenspitzen und lege das Buch vor der Ausleihmaschine auf eine Platte. Es piept. Ich bin sehr zufrieden. »Mama«, sage ich, »Buch lesen. Bitte.«

»Zu Hause«, sagt Mama.

»Nein!«, rufe ich. »Jetzt.«

»Oskar«, sagt Mama, »ich habe doch schon zwei Bücher vorgelesen.«

Das kann man nämlich in der Bibliothek. Da gibt es eine Ecke mit Kissen, und manchmal gucken wir uns dort mit Mama Bücher an. Und wenn sie uns nicht so gut gefallen, stellen wir sie zurück. Und wenn sie uns gut gefallen, leihen wir sie aus.

»Och«, mache ich. »Ich will aber, dass du das Buch liest.«

»Ja«, sagt Mama. »Ich weiß. Wir gehen jetzt aber trotzdem.«

»Mama?«, sage ich.

»Ja?«

»Dann können wir doch jetzt zur Apotheke. Da gehe ich nämlich auch gerne hin.«

Die hohe, hohe Rutsche

Meine Schwester Klara kann ganz hoch klettern.

Auf unserem liebsten Spielplatz, dem mit der hohen Rutsche und den zwei Schaukeln, da klettert sie ganz alleine bis zu der Rutsche hoch.

Das ist schwierig.

Es gibt da keine Leiter.

Und auch keine Treppe.

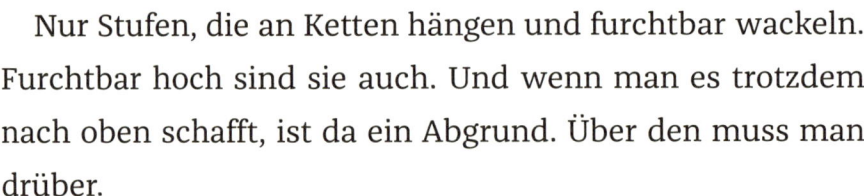

Nur Stufen, die an Ketten hängen und furchtbar wackeln. Furchtbar hoch sind sie auch. Und wenn man es trotzdem nach oben schafft, ist da ein Abgrund. Über den muss man drüber.

»Hier kannst du dich festhalten«, sagt Klara und zeigt mir Griffe aus Seilen.

Aber die Griffe sind auf der anderen Seite von dem Abgrund.

»Das kann ich nicht«, sage ich zu Klara.

»Doch«, sagt Klara.

»Das will ich aber gar nicht«, sage ich zu Klara.

»Dann klettere halt wieder runter«, sagt Klara, krabbelt ins Häuschen und verschwindet in die Rutschenröhre.

Ich aber stehe immer noch auf dem schwankenden Brett. Andere Kinder klettern an mir vorbei, da schwankt es noch

viel mehr. Ich halte mich so doll an den Ketten fest, dass meine Finger wehtun.

Da taucht Klara wieder neben mir auf.

»Soll ich Mama holen?«, fragt sie.

Ich nicke.

Und dann höre ich, wie Klara wieder nach unten klettert und dann laut »Mama!« schreit. »Mama, Mama!«

Ich finde diese Rutsche ganz schön doof. Ich werde nie wieder rutschen.

Da steht plötzlich Mama unter mir. »Alles gut, Hase?«, fragt sie. »Willst du rüberklettern? Ich bin hier, ich kann dich auffangen. Ich kann dich sogar halten.« Und sie legt eine Hand um meinen Fuß.

»Guck mal«, sagt Klara, »hier musst du jetzt die Hand hintun.« Sie zeigt es mir. »Und da den Fuß.«

Es ist der Fuß, den Mama festhält. Sie hilft mir, ihn über das Loch zu schieben. Und dann stehe ich plötzlich auf einem Holzbalken, und dann krabble ich ins Häuschen. Von hier oben kann ich ganz weit gucken. Da unten steht Mama.

»Mama!«, rufe ich.

Mama winkt.

»Ich rutsche jetzt. Kannst du mich auffangen?«

Ich rutsche ganz schnell, und Mama fängt mich auf.

»Toll«, sagt sie. »Und jetzt?«

»Will ich noch mal«, sage ich.

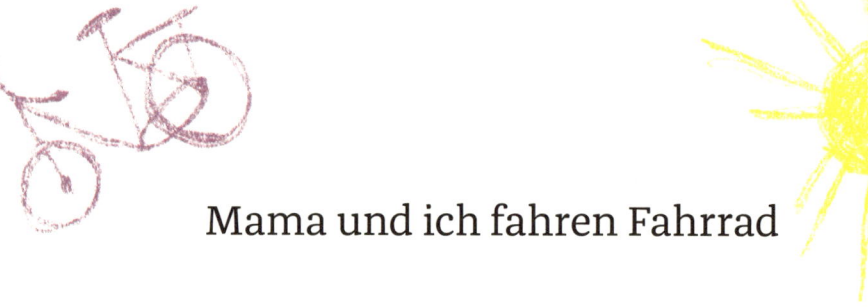

Mama und ich fahren Fahrrad

Ich fahre mit Mama Fahrrad. Das geht so: Zuerst gehen Mama und ich in den Hof. Da schließt Mama ihr Fahrrad auf, es ist rot, und ich halte das Schloss, während sie das Fahrrad ausparkt. Das dauert eine Weile, weil bei uns im Hof viele Räder stehen. Manchmal muss Mama sogar andere Räder beiseiterücken, um an ihr Rad zu kommen.

Dann halte ich ihr die Tür zum Treppenhaus auf.

Und dann halte ich ihr die Tür zur Straße auf.

Und draußen auf dem Bürgersteig klappt Mama den Fahrradständer herunter und sagt: »So. Alles einsteigen, bitte!« Und sie hebt mich hoch und schwingt mich in den Kindersitz hinten auf dem Gepäckträger.

Ha! Jetzt bin ich aber groß. Ich zapple mit den Beinen. Aber nur kurz. Denn wenn Mama fährt, darf ich das nicht. Das ist gefährlich.

Mama macht meinen Helm zu und schnallt mich an. Dann will sie aufsteigen, aber ich rufe: »Mama, dein Rucksack!«

»Ach ja«, sagt sie.

Und wir lachen, weil sie mal wieder vergessen hat, ihren Rucksack in ihren Korb vorne am Lenker zu stellen. Und wenn sie ihn auflässt, berührt er fast meine Nase. Und ich kann nicht so gut sehen.

»Aber jetzt«, sagt sie. »Fertig?«

»Ja!«, rufe ich. »Los!«

Und Mama fährt los. Unsere Straße entlang. Mama fährt schnell. So schnell. Das ist ungefähr wie fliegen, glaube ich.

Ich freue mich. So, dass ich gerne mit den Beinen zappeln würde.

Die Sonne scheint. Ich habe keine Mütze an unter dem Helm. So warm ist es schon. Und bei der Eisdiele sitzen ganz viele Menschen draußen. Das sehe ich ganz genau.

»Mama«, rufe ich, »ich will auch ein Eis!«

»Ich *möchte* ein Eis«, ruft Mama über die Schulter zurück.

»Du auch?«, rufe ich. »Können wir dann eins kaufen? Bitte!«

Ich höre Mama lachen.

Und dann fährt sie zurück und bremst direkt vor der Eisdiele. Wir kaufen uns jeder eine Kugel Schokolade. Schokolade esse ich am liebsten.

»Du auch, Mama, oder?«, frage ich.

»Ich auch«, sagt Mama.

Und wir setzen uns mit unserem Eis auf eine Mauer neben unser Fahrrad und in die Sonne.

Mit dem Fahrrad anzuhalten, ist fast so gut, wie mit dem Fahrrad zu fahren.

Zur Kita

Wenn wir morgens in die Kita gehen, nehmen wir nicht das Fahrrad. Da müssen wir das Auto nehmen, denn die Kita ist ein bisschen weit weg. »Du, Mama«, sage ich, als sie mir die Jacke zumacht, »müssen wir uns wieder beeilen?«

»Ja, mein Hase. Tut mir leid. Hopp, hopp!«

»Hopp, hopp!«, sagt sie auch, während sie die Tür abschließt und wir die Treppe runterlaufen. »Aber nicht fallen!«, sagt sie dann noch.

Wir stehen auf der Straße. Klara hat ihren Rucksack auf, und ich habe meinen Rucksack auf, und Mama hat ihren Rucksack auf und noch eine große Tasche über dem Arm.

»Um die Wette«, ruft Klara und rennt los.

Ich renne hinterher.

»Stopp!«, ruft Mama und rennt uns nach. »Da vorne ist die große Straße. An der Laterne stehen bleiben. Anhalten! Anhalten, sage ich.«

Wir haben angehalten.

»Mensch«, sagt Mama, schiebt ihre Tasche höher und packt unsere Hände. Wir stehen an der Straße und warten, dass wir rübergehen können. Und warten. Und warten.

»Ein Krankenwagen«, sage ich.

»Wo?«, sagt Klara.

Mama schimpft: »Diese blöde Straße. Keine Ampel, kein Zebrastreifen in der Nähe. Nichts!«

»Ich habe den Krankenwagen nicht gesehen«, sagt Klara.

»Ich schon«, sage ich.

Mama sagt: »Passt auf, jetzt gleich gehen wir. Da, nach dem weißen Auto. Los! Kommt Kinder, zügig.« Und sie zieht uns über die Straße. Auf der anderen Seite steht unser Auto.

Wir klettern hinein.

»Ich will meine Jacke ausziehen«, sage ich, als Mama mich anschnallt.

»Nein«, sagt Mama.

»Ich will auch«, ruft Klara. »Wenn Oskar seine Jacke auszieht, will ich auch.«

»Oskar zieht seine Jacke nicht aus!«, brüllt Mama. Knallt meine Tür zu. Reißt ihre Tür auf. Springt ins Auto. Fährt los.

Die nächste Ampel ist rot.

»Scheiße«, sage ich. »Oder, Mama?«

Mama legt den Kopf auf das Steuer. »Ja«, sagt sie. »Aber das sagt man doch nicht.«

»Doch«, sage ich, »im Auto schon.«

Diese Hitze!

Heute ist es viel zu heiß für den Spielplatz. Es ist so heiß, dass Klaras Erdbeereis und mein Schokoladeneis fast schneller schmelzen, als wir es essen können. Fast.

»Ihr kriegt noch Bauchschmerzen«, sagt Mama. Aber mehr sagt sie nicht.

Wir sitzen auf dem Platz gegenüber der Eisdiele, auf einer Bank unter einem großen Baum. Der Springbrunnen ist an und sprudelt. Klara und ich wippen mit den Beinen. Mama nicht.

Wir haben unser Eis aufgegessen und wollen noch eins.

Mama gibt Klara Geld, um noch eins zu kaufen. Es ist gar kein Theater nötig. Ich wundere mich.

»Diese Hitze! Es ist einfach zu warm für alles«, stöhnt Mama.

Ich esse wieder Schokoladeneis und finde Hitze spitze.

Da ruft Papa an. Er hört früher mit der Arbeit auf. Ob er uns einsammeln und mit uns schwimmen fahren soll.

Ja! Das finden wir alle gut. Vor allem Mama.

Als wir im Freibad angekommen sind, legt sie sich auf unserer Decke unter einen Baum. Theo Tiger benutzt sie als Kopfkissen.

Papa, Klara und ich gehen schwimmen. Ich kann mit

Schwimmflügeln schon zwei Züge ganz allein machen, wenn ich will. Ich will aber nicht. Ich spiele lieber in dem Becken, das Klara Babybecken nennt, mit meinen Booten. Klara spielt mit. Und Papa ist das Krokodil. Und wir spritzen uns alle richtig nass.

Schließlich fischt Papa uns raus. Und sagt: »Abtrocknen muss man sich ja gar nicht. Bei der Hitze.«

Mama trocknet uns immer ab.

Dann kauft Papa uns ein Eis. Er weiß nicht, dass es heute schon unser drittes ist. Und wir sagen es ihm erst, als wir es bereits in der Hand halten. Ich lecke schnell an meinem Flutschfinger, als Klara es verrät.

»Soso«, sagt Papa. »Das ist ja ein dolles Ding.« Dann leckt er an seinem Flutschfinger.

Und Klara an ihrem.

Wir sitzen auf einer Mauer und gucken auf den Fluss. Der fließt neben dem Schwimmbad. Man kann große Schiffe vorbeifahren sehen, während man sein Eis isst. Und die Badehose trocknet.

Fluss ist noch besser als Springbrunnen.

Und Papa sagt: »Vielleicht essen wir besser auf, bevor wir zurück zu Mama gehen.«

»Na gut«, sage ich. »Aber wir müssen Mama ein Eis mitbringen. Sie hatte noch keins.«

Papa lacht. »Okay«, sagt er.

Und dann machen wir das.

Ich kaufe Eis

Wir fahren jetzt oft ins Schwimmbad. Weil es immer heiß ist. Das nennt man Sommer.

Wir kriegen immer ein Eis im Schwimmbad.

Manchmal sagt Mama: »Ach Kinder, heute mal nicht. Immer diese Süßigkeiten. Ihr hattet doch schon Kekse.«

Aber dann jammert Klara, und ich sage: »Ich will aber!«, und Theo Tiger macht: »Uah!«, und Mama kauft uns doch ein Eis. Und sich meistens auch.

Klara und ich nehmen immer Flutschfinger.

Das Häuschen, wo man das Eis kriegt, liegt am anderen Ende vom Schwimmbad. Aber weil ich immer meinen Roller mitnehme, ist das nicht schlimm. Ich rollere so schnell ich kann. Und bin schon vor Klara und Mama und Theo da, die ja keinen Roller haben. Ich stelle mich in die Schlange.

Und als ich dran bin, sage ich: »Einen Flutschfinger, bitte.«

Ich habe es aber vielleicht zu leise gesagt. Die Dame in dem Häuschen holt jedenfalls keinen Flutschfinger aus ihrer Gefriertruhe. Sie sieht mich nicht mal an.

Und dann sagt die Frau hinter mir in der Schlange: »Ein Cornetto Nuss.«

Und die Dame im Häuschen macht ihre Truhe auf und holt ein Cornetto Nuss heraus.

Da steht Klara plötzlich neben mir. Sie ist stinksauer. Das kann man sehen. Also ich sehe das.

Und Klara ruft: »Geben Sie der Frau kein Eis! Sie ist ja gar nicht dran. Mein Bruder ist dran.«

Und die Dame im Häuschen sagt: »Ach so.«

Und die Frau hinter mir guckt ungefähr so wie Enno, wenn er meinen letzten Keks gegessen hat und ihn seine Mama dafür schimpft.

Klara gibt mir einen Stoß in die Seite.

Da sage ich noch einmal: »Einen Flutschfinger, bitte.«

Und Klara sagt auch: »Einen Flutschfinger, bitte.«

Und dann bezahlt sie. Mama hat ihr nämlich das Geld gegeben.

Als wir zurückgehen, lasse ich Klara mit meinem Roller fahren.

Wir treffen Mama und Theo Tiger auf halber Strecke. Mama hat die Mama von Luise getroffen und steht da und redet mit ihr.

Und Mama sagt, als sie uns sieht: »Alles klar?«

Und wir sagen: »Ja.«

Meine Rennschuhe

Ich habe Rennschuhe.

Und Sandalen. Die hat mir Mama im Laden gekauft. Die habe ich anprobiert. Die passen gut. Und die waren teuer. Sagt Mama.

Ich ziehe sie auch an. Sie haben einen Klettverschluss. Ich kann sie alleine an- und ausziehen. Das ist gut.

Aber meine Rennschuhe kann ich noch viel schneller an- und ausziehen.

Da schlüpfe ich einfach rein.

Schwups.

Fertig.

Immer will ich meine Rennschuhe anziehen. Sie sind blau und aus Stoff. Meine Sandalen sind braun und aus Leder.

Morgens vor der Kita sagt Mama: »Oskar, es wird heiß. Ziehst du die Sandalen an?«

»Nein«, sage ich. »Meine Rennschuhe.«

»Schon wieder?«, fragt Mama.

»Ja«, sage ich.

»Wozu habe ich die guten Sandalen überhaupt gekauft?«, fragt Mama.

»Weiß ich auch nicht«, sage ich und ziehe meine Rennschuhe an.

Schwups.

Fertig.

Mama hält die Sandalen in der Hand und guckt sie traurig an. Arme Mama.

»Morgen ziehe ich die Sandalen an«, sage ich. »Okay?«

Da gibt Mama mir einen Kuss. »Mein Süßer«, sagt sie.

Ich nicke. »Können wir jetzt gehen?«, frage ich.

Wir können, und ich renne.

»Um die Wette«, rufe ich Mama und Klara zu.

Und wir rennen alle drei, bis wir beim Auto sind.

Wir machen nur eine Pause zwischendurch.

Ich renne weg
(aber nur aus Versehen)

Ich kann so schnell rennen. So, so furchtbar schnell rennen.

Manchmal renne ich so schnell, dass Mama und Papa mich nicht mehr sehen.

Und manchmal sehe ich sie dann auch nicht mehr.

Wir sind ins Einkaufszentrum gefahren. Da drin gibt es eine Klimaanlage, die macht, dass es schön kühl ist. Zu Hause war uns heiß. Und auf der Straße noch heißer. Wir wollen im kühlen Einkaufszentrum ein Eis essen. Und Shampoo kaufen. Und Bücher gucken.

Ich kenne das Einkaufszentrum. Ich weiß, wo es das Eis gibt. Ganz oben. Und wo man Bücher und wo man Shampoo kauft. Ganz unten.

Kaum haben wir das Shampoo gekauft, renne ich los. Ich möchte jetzt endlich das Buch mit der Feuerwehr angucken, das Geräusche machen kann.

Ich stehe draußen vor der Tür. Mama bezahlt gerade, Papa packt das Shampoo ein und all die anderen Dinge, die wir plötzlich auch noch haben wollten, und Klara macht sich eine neue Glitzerspange ins Haar.

Ich gucke mir die Rolltreppe an. Ich darf leider nicht alleine damit fahren. Neben der Rolltreppe stehen Leute mit drei

großen Hunden. Ich gehe auf der anderen Seite um die Rolltreppe herum. Da sind keine Hunde. Und nicht der Buchladen, sondern ein Schuhladen.

Ich drehe mich nach Mama und Papa und Klara um. Die sind aber nicht hinter mir. Ich gehe zurück zum Shampoo-Glitzerspangen-Laden. Da sind Mama und Papa und Klara auch nicht mehr. Die Hunde sind jetzt genauso weg. Ich kann also auf der richtigen Seite um die Rolltreppe herumgehen, und zum Buchladen. Den kenne ich gut. Die Kinderbücher sind ganz hinten.

Dort findet mich Mama. Ich gucke mir gerade ein Buch über Piraten an.

»Oskar!«, ruft sie.

Dann drückt sie mich. Doll.

Dann sagt sie: »Oskar, du sollst doch nicht immer weglaufen. Wir haben dich überall gesucht.«

»Ich habe euch auch gesucht«, sage ich.

»Ach, Oskar«, sagt sie. »Armer Hase. Hast du Angst gehabt?«

»Kannst du mir jetzt das Buch kaufen?«, frage ich.

Mama seufzt.

Und kauft das Buch.

Sommerferien daheim

Die Kita hat zu. Geschlossen.

Es sind Sommerferien.

Also für die Erzieherinnen. Und für die Kinder.

Nicht für die Mamas und die Papas.

Unser Papa muss weiter ins Büro. Wir winken ihm morgens vom Fenster aus zu, wenn er geht.

»Tschö, Papa! Tschö, tschö!«, rufen wir.

Und Papa winkt zurück.

Und ich frage Mama: »Was machen wir heute?«

Und Mama überlegt.

»Kann ich mich kurz an den Computer setzen?«, fragt sie.

Das ist nämlich Mamas Arbeit. Am Computer sitzen und auf den Tasten rumtippen und Sachen schreiben. Aber Mama setzt sich nicht an ihren Computer, wenn wir Ferien haben. Weil wir ja dann zu Hause sind und es langweilig finden, wenn sie das macht.

Sie sagt: »Jetzt spielt doch bitte kurz ein bisschen alleine. Nur für zehn Minuten, ja?«

Und wir sagen Ja.

»Ehrlich?«, fragt Mama.

»Jajaja«, sagen wir.

Aber dann schubst Klara mich ein bisschen beiseite, weil

sie das Legopferd haben will. Und dann falle ich auf die Legosteine, und das tut ein bisschen weh. Und dann heule ich.
Auch nur ein bisschen.

Aber Mama verliert die Nerven. Es ist ja noch früh. »Wieso
könnt ihr nicht mal fünf Minuten ...«, fängt sie an. Dann
stoppt sie und holt tief Luft. Und sagt: »Kommt, wir gehen
einkaufen. Wir brauchen Milch.«

»Und Mango«, sage ich.

»Und Erdbeeren«, sagt Klara.

»Und Eis.«

»Und Schokolade.«

Mama schreibt alles auf. Und wir gehen einkaufen.

Wir räumen Mangos und Erdbeeren und Eis und Schokolade in den Einkaufswagen. Und spielen Verstecken zwischen den Truhen mit dem kalten Essen drin.

Wir finden das lustig. Mama nicht.

»Oskar!«, ruft sie. »Wo bist du?«

Bei der Milch. Aber das kann ich nicht sagen.
Klara muss mich erst noch finden.

Mama findet mich dann vor Klara und hilft mir,
Klara zu suchen. Das finde ich gut. Sie schimpft dabei.
Das finde ich nicht ganz so gut.

Klara ist zurückgelaufen zu den Regalen mit den Mangos und Erdbeeren.

»Hab dich!«, rufe ich.

Mama setzt mich in den Einkaufswagen, obwohl ich fast zu groß dafür bin. Und Klara muss sich am Einkaufswagen festhalten, bis wir an der Kasse sind und Mama bezahlt hat.

»Du, Mama«, sage ich, als wir nach Hause gehen. »Was machen wir nach dem Mittagessen? Schwimmbad?«

Mama schüttelt heftig den Kopf. »Um Himmels willen. Höchstens Spielplatz.«

»Wasserspielplatz!«

»Von mir aus.«

»Okay. Aber morgen können wir ins Schwimmbad?«

»Ja«, sagt Mama, »morgen können wir ins Schwimmbad. Wenn ich nicht vorher mit euch einkaufen gehen muss.«

Sommerferien bei Omi, Opi und den Kühen

Jetzt hat auch Papa Ferien.

»Endlich!«, sagt er.

Und wir fahren in Urlaub. Mama, Papa, Klara, Theo Tiger und ich.

Wenn man in Urlaub fährt, dann fährt man ans Meer. Oder in die Berge.

In den Bergen wohnen Omi und Opi. Das sind unsere anderen Großeltern. Die kommen uns nicht so oft besuchen, die haben nämlich Kühe. Und die Kühe kann man nicht alleine lassen.

Wir kennen niemanden, der am Meer wohnt. Darum fahren wir zu Omi und Opi und den Kühen in die Berge. Klara wäre lieber ans Meer, aber ich freue mich auf die Kühe. Und auf Omi und Opi.

Mit Opi darf ich Traktor fahren.

Und mit Omi Kartoffeln ausbuddeln. Und Karottenkuchen backen.

Ich bin sehr gut im Karottenschälen. Ich kriege ganz viel von der Schale ab. Omi muss fast gar nicht nachschälen.

Sie jagt Papa und Mama aus der Küche und aus dem Haus. »Ihr sollt euch ausruhen«, sagt sie.

Also legen sich Mama und Papa unter den großen Birnbaum. Mama schaut in den Himmel, Papa schläft.

Ich weiß das, weil ich nachgucke, was sie so machen.

»Alles gut, Oskar?«, fragt Mama.

»Ja«, sage ich.

»Was macht der Kuchen?«

»Backen.«

»Und was machst du?«

»Bei dir liegen«, sage ich und lege mich neben Mama.

Wir schauen zusammen in den Himmel. Er ist ganz blau, und die Blätter vom Birnbaum leuchten, weil die Sonne durchscheint. Meine Füße sind warm, weil da auch die Sonne draufscheint. Aber sie leuchten nicht.

Papa schnarcht.

Mama macht die Augen zu.

Ich mache die Augen zu.

Urlaub ist schön.

Die Seilbahn

Ich möchte Seilbahn fahren. Ich habe das in einem Buch gesehen: Da waren die Berge, und da gab es eine Seilbahn.

Bei Omi und Opi gibt es auch Berge. Gibt es hier dann nicht auch eine Seilbahn?

Doch, sagen Omi und Opi. Also packt Omi eines Morgens zwei Rucksäcke voll mit Essen und Trinken. Und wir steigen alle ins Auto. In zwei Autos, wir passen nämlich nicht alle in eins. Und dann fahren wir. Wir fahren tatsächlich eine ganze Weile.

»Möchtest du nicht etwas schlafen, Oskar?«, fragt Mama.

Nein. Ich will mit der Seilbahn fahren.

Und dann halten wir auf einem großen Parkplatz und gehen zu einem Gebäude, und da drin ist die Seilbahn-Haltestelle. Seilbahnen haben Haltestellen wie Busse und Bahnen. Und Opi muss auch Fahrkarten kaufen.

Dann kommt schon eine Gondel. Ich hüpfe an Mamas Hand auf und ab.

Wir steigen ein, und Mama nimmt mich auf den Arm, und Papa nimmt Klara auf den Arm, damit wir aus den Fenstern gucken können. Es gibt ringsherum Fenster.

Und dann fahren wir mit der Seilbahn. Es ruckelt und schaukelt ein bisschen. Wie lustig!

»Guck«, sagt Papa, »die Gondel wird an dem Seil da ent-langgezogen.«

Ich sehe das Seil.

Und Wiesen.

Und Bäume. Die Bäume sieht man von oben. Das ist auch lustig!

»Da hinten ist ein See!«, ruft Klara.

Und ein Dorf.

Und da sind ganz kleine Menschen, die den Berg hinauf-laufen, statt ihn mit der Gondel hinaufzufahren.

Und die Menschen werden noch kleiner. Und der See und das Dorf auch.

Und dann sind wir auch schon oben angekommen. Und steigen aus.

»Ich will noch mal«, sage ich.

»Nachher fahren wir ja wieder runter«, erklärt mir Opi.

Wir kommen aus dem Haltestellengebäude, und davor ist alles voll mit weißem Rauch. Ist das Rauch?

»Nein«, sagt Opi. »Das ist Nebel.«

»Oh, das tut mir leid, Oskar«, ruft meine Mama.

Verstehe ich nicht. »Was denn?«

»Dass wir nichts sehen können.«

»Wandern können wir in dieser Suppe auch nicht«, sagt Papa.

»Aber wir wollten ein Eis essen«, ruft Klara.

»Und Apfelschorle trinken«, rufe ich.

»Das können wir ja machen«, sagt Papa.

Wir gehen wieder rein. Drinnen ist nämlich ein Lokal. Es hat viele Fenster, durch die man in den weißen Nebel gucken kann. Klara und ich machen das und drücken uns die Nasen platt an den Scheiben und essen ein Eis und trinken Saftschorle.

Mama, Papa, Omi und Opi trinken Kaffee und seufzen.

Ich freue mich.

Ich bin Seilbahn gefahren.

Und darf gleich noch mal.

Theo Tiger und die Katzen

Wir sind schon eine Weile bei Omi und Opi auf dem Bauernhof, als mir auffällt, dass Theo Tiger noch gar nicht die Kühe gesehen hat.

Und auch nicht die Katzen.

Das ist viel schlimmer, weil Theo ja auch eine Katze ist.

Also trage ich ihn zum alten Kaninchenstall, wo die Futterschüsseln für die Katzen stehen. Und wo die Sonne hinscheint. Omis und Opis Katzen mögen nämlich Sonne mindestens so gerne wie Futter.

»Uah!«, macht Theo.

Die Katzen machen nur »Maunz«.

»Na ja«, sagt Klara, »sie sind ja noch klein.«

Klara spielt viel mit den kleinen Katzen. Die sind sehr niedlich. Und sehr lustig. Und es stört sie gar nicht, dass Klara, Theo und ich da sind.

Nur ihre Mama, so eine große weiße Katze mit schwarzen Flecken, beobachtet uns ganz genau, während wir ihren Katzenkindern Stöcke hinhalten oder ein Stückchen Schnur. Sie ist so furchtbar gut im Beobachten, dass sie auch eine Maus sieht, die wir nicht gesehen haben. Die Maus hat sich hinter dem Kaninchenstall versteckt. Aber die Katzenmama entdeckt sie. Und springt. Und packt sie. Und zack, weg ist die Maus.

»Wahnsinn«, sagt meine Schwester.

Theo ist auch beeindruckt. Er findet es bestimmt ganz toll bei Omi und Opi und ihren Katzen.

Als wir ein paar Tage später wieder nach Hause fahren müssen, ist Theo jedenfalls sehr, sehr traurig.

»Wir kommen euch bald besuchen«, sagen Omi und Opi.

»Bringt ihr dann die Katzen mit?«, frage ich.

»Ich fürchte, die mögen nicht verreisen«, sagt Omi.

»Dann den Traktor?«, frage ich. Den findet Theo nicht so gut, ich aber schon.

»Der fährt leider nicht so lange Strecken«, sagt Opi.

Ich bin enttäuscht.

»Wir kommen sicher bald wieder her«, sagt Mama und streichelt mir über den Kopf.

Ich nicke. Aber ich bin mindestens so traurig wie Theo.

Als wir losfahren, winke ich ganz lange.

Im Badezimmer

Zu Hause haben wir ein Badezimmer für uns alle vier.

Und für Theo Tiger.

Da stehen Mamas und Papas Zahnbürsten in einem Becher und Klaras und meine Zahnbürsten in einem anderen. Klara und ich haben auch eine eigene Zahnpasta, die schmeckt besser als die von Mama und Papa. Die haben wir einmal probiert, pfui, die war nicht lecker.

Wir putzen jeden Abend, bevor wir ins Bett gehen, die Zähne. Bei Theo muss Mama nachputzen, bei mir auch. Ich bin dann ein Tiger. Wie Theo.

»Uah!«, mache ich und reiße mein Tigermaul auf. Und Mama putzt die Zähne hinten in meinem Mund.

»Agrh!«, mache ich dann und zeige meine Tigerzähne. Und Mama putzt die Zähne vorne.

»Fertig, kleiner Tiger«, sagt Mama dann und gibt mir einen Kuss.

Aber ich bin noch nicht fertig.

»Ich brauche noch deinen Labello«, sage ich zu Mama.

»Ich auch!«, ruft Klara.

Mama gibt uns ihren Labello. Erst kriege ich ihn, dann kriegt ihn Klara. Ich male damit um meinen Mund herum. Einmal. Zweimal. Dreimal. Und noch mal. Und noch mal.

»Jetzt reicht's«, sagt Mama.

Ich gebe Klara den Labello.

»Jetzt noch deine Haarbürste, Mama«, sage ich.

Mama hat eine viel größere Haarbürste als Klara und ich. Sie ist aus Holz. Ich kriege Mamas Bürste und fahre damit über meine Haare. Als es ziept, höre ich auf und gebe die Bürste weiter an Klara.

»Bin ich jetzt hübsch?«, frage ich meine Mama.

»Ungemein«, sagt Mama. »Können wir dann ins Bett gehen?«

»Lesen wir noch ein Buch?«, frage ich.

»Natürlich.«

Dann können wir von mir aus ins Bett gehen.

Wir zelten

Wir fahren zelten. Das haben wir noch nie gemacht.

Also Mama und Papa schon, aber noch nie Mama, Papa, Klara und Oskar. Und Theo Tiger.

Wir treffen Onkel Flo.

»Du kennst Onkel Flo«, sagt Papa.

Kann sein.

»Du hast ihn letztes Jahr an Weihnachten gesehen.«

Okay.

Onkel Flo wohnt in einer anderen Stadt als wir. Genau wie Oma und Opa und Omi und Opi. Deshalb sehen wir Onkel Flo auch nicht sehr oft. Noch weniger oft sogar als Oma und Opa und Omi und Opi. Onkel Flo hat eine Frau und ein Baby. Onkel Flo hat aber vor allem ein Wohnmobil.

»Das ist kein Wohnmobil«, sagt Papa. »Das ist ein ausgebauter VW-Bus. Ein Bulli.«

Der Bulli sieht aus wie ein Wohnmobil. Er hat einen Tisch und eine Bank und Schränke und vorne beim Steuer ganz viele Knöpfe und Hebel und über dem Steuer und den Sitzen ein Bett zum Schlafen.

Der Bus und wir stehen auf einer grünen Wiese. Es gibt viele Bäume und einen Bach, und die Bäume rauschen im Wind, und das Wasser gluckert über die Steine.

»Ist doch schön, Oskar, oder?«, fragt Papa.

Ja. Ich möchte jetzt in das Wohnmobil. Darf ich?

»Sicher«, sagt Onkel Flo und zeigt mir alles.

Es gibt Knöpfe, auf die ich drücken darf, und Knöpfe, auf die ich nicht drücken darf. Ich mache das Radio an und drehe am Steuer. Onkel Flo sitzt neben mir, lehnt sich zurück und macht die Augen zu.

Irgendwann steckt Papa den Kopf zur Tür herein. »Wollt ihr nicht mal wieder rauskommen?«, fragt er.

»Nö«, sagen wir.

»Aber wir müssen jetzt das Lagerfeuer bauen. Und das Zelt. Willst du mir nicht helfen, Oskar?«

»Doch«, rufe ich. Und falle fast, weil ich mich so beeile.

Onkel Flo fängt mich auf.

»Du, Onkel Flo«, sage ich, »wenn ich das Zelt und das Lagerfeuer gebaut habe, darf ich dann noch mal in dein Wohnmobil?«

»Klar«, sagt Onkel Flo.

Zelten ist toll.

Im Zoo

Ich liebe den Zoo.

Am Wochenende, wenn Mama uns fragt, wo wir gerne hinfahren möchten, sage ich: »In den Zoo.«

Noch vor Kurzem habe ich gesagt: »Ins Schwimmbad!« In das am Fluss. Wo man seine Decke unter Bäume legen kann. Und Schiffe gucken. Aber vor Kurzem war es auch noch warm.

Jetzt ist es zu kalt zum Schwimmen draußen, sagt Mama.

Für mich. Und Klara. Und Mama und Papa.

Nicht für die Pinguine.

Und auch nicht für die Seerobben.

Die Seerobben und die Pinguine im Zoo haben ihre Becken direkt nebeneinander. Das finde ich praktisch.

Auch praktisch ist, dass der Mann, der das Popcorn verkauft, direkt zwischen den Becken von den Seerobben und den Pinguinen steht.

Ich sage: »Ich möchte Popcorn, ich möchte Popcorn, kann ich bitte Popcorn haben?« Manchmal muss ich das ganz oft sagen, manchmal nicht so oft.

Papa sagt: »Aber dann kaufen wir nachher keine Waffel mehr am Waffelstand, okay?«

Jaja. Ich will Popcorn.

Und dann laufe ich mit Klara von den Pinguinen zu den Seerobben. Und wir gucken zu, wie sie auf ihren Felsen liegen, und freuen uns, wenn einer schwimmen geht. Und zwischendrin greifen wir in die Popcorntüte, die Mama trägt. Weil Klara und ich uns nicht einigen können, wer von uns sie trägt.

Dann wollen wir zum See. Da sind nämlich große Fische drin. Karpfen heißen die, sagt Papa. Und die Karpfen mögen Popcorn. Und ich mag es, die Karpfen zu füttern. Klara auch. Deshalb verfüttern wir unser letztes Popcorn an die Karpfen.

Es sieht lustig aus, wie sie ihre Köpfe aus dem Wasser strecken und ihre Mäuler aufsperren.

Klara und ich halten abwechselnd die Popcorntüte.

Wir lieben den Zoo.

Mama und Papa auch.

Mama mag die Nilpferde. Sie wohnen zusammen in einem Haus mit den Elefanten. Die sind eben gefüttert worden. Von den Tierpflegern, nicht von uns. Und mit Brot und Salat, nicht mit Popcorn.

Papa möchte noch zu den Affen.

Theo Tiger hätte sicher gerne Tiger gesehen, aber die gibt es hier nicht. Armer Theo.

Als wir weitergehen, sehe ich den Stand mit dem roten und weißen Sonnensegel. Und ich sage: »Ich möchte eine Waffel, ich möchte eine Waffel. Kann ich bitte eine Waffel haben?«

Herbst

Die Blätter an den Bäumen werden gelb. Manche werden auch rot. Viele einfach nur braun. Aber die meisten gelb. Sie sehen hübsch aus. Sie sehen auch immer noch hübsch aus, wenn sie auf dem Boden liegen, finde ich.

»Guck mal«, sagt Mama. Und sie bückt sich und wühlt in den Blättern auf dem Bürgersteig und hebt einen ganzen Arm voll hoch. »Achtung!«, ruft sie. Und dann wirft sie die Blätter in die Luft. Und sie fliegen, und sie flattern und fallen wie gelbes Konfetti wieder zu Boden. Und auf unsere Köpfe und auf unsere ausgestreckten Hände.

»Noch einmal!«, ruft Klara.

»Ja, noch einmal!«, rufe auch ich.

Und Mama macht es noch einmal. Und dann muss sie es noch einmal und noch einmal machen, weil wir immer rufen: »Noch einmal, noch einmal!«

»Puh«, sagt sie irgendwann. »Gut, jetzt noch ein allerletztes Mal, und dann ist wirklich Schluss.«

Und sie wirft noch einmal, und die Blätter fallen noch einmal, und dann ist wirklich Schluss.

»Och«, macht Klara. Aber jetzt zeigt Mama uns einen Kastanienbaum. Und darunter liegen lauter kleine blanke Kastanien. Die dürfen wir sammeln. Mama tut sie in ihre Mütze.

Wir finden ganz viele.

»Noch eine«, ruft Klara.

»Noch eine«, rufe ich.

Bis wir keine mehr finden. Bis wir alle aufgesammelt haben.

»Was willst du damit machen?«, fragt mich Mama.

Ich gucke die braune blanke Kastanie an, die ich gerade aufgehoben habe.

»Sie behalten«, sage ich.

Es regnet

Immer regnet es.

Das ist doof.

Denn immer, wenn ich gerne auf den Spielplatz gehen oder mit meinem Roller fahren würde, sagt Mama: »Das geht nicht, Hase, es regnet.«

Och manno.

Klara findet es auch doof.

Ihr ist langweilig.

Sie nimmt einfach meinen Bagger, mit dem ich gerade spiele. Obwohl sie meinen Bagger sonst gar nicht mag.

Da sage ich »frecher Dachs« zu ihr.

Sie lacht. »Frechdachs heißt das«, sagt sie.

Da werde ich noch wütender. Und sage: »Eierloch.«

»Oskar!«, sagt Mama da.

Ich soll nämlich nicht Eierloch sagen.

Aber ich finde, Klara ist ein Pipikackapups. Und das sage ich ihr auch.

Klara lacht.

Da lache ich auch.

Und wir rennen durch die Wohnung und schreien »Pipikackapups, Pipikackapups!«. Und finden es ganz furchtbar lustig.

Mama nicht. Mama stöhnt: »Wenn es doch endlich aufhören würde zu regnen.«

Das tut es. Es hört auf.

Wir gucken alle aus dem Fenster. Mama, Klara und ich. Und ich hole extra Theo Tiger aus dem Kinderzimmer, damit er auch mal wieder etwas anderes zu sehen kriegt.

Draußen fahren die Autos durch die Pfützen. Das Wasser spritzt. Toll.

Findet Mama nicht. Sie seufzt. Und sagt:

»Auf dem Spielplatz ist jetzt alles nass. Was machen wir denn da?«

Klara sagt: »Roller fahren?«

Ich sage: »In Pfützen springen?«

Und Mama sagt: »Na gut.«

Und dann ziehen wir alle unsere Gummistiefel an. Und Theo darf vom Fenster aus zugucken, wie Klara durch die Pfützen fährt und ich mit Anlauf hineinspringe.

Und Mama lacht.

Wir frieren

Auch wenn es nicht regnet, müssen Klara und ich jetzt unsere Matschhosen anziehen, wenn wir raus auf den Spielplatz gehen.

»Der Boden ist so kalt«, erklärt Mama. »Und der Sand ist auch noch feucht.«

Und die Matschhosen, die lassen kein Wasser durch. Und kuschelweich sind sie auch noch. Von innen. Sodass Klara und ich nicht nass werden und nicht frieren. Das ist gut.

Aber Matschhosen anziehen ist doof. Die müssen über die anderen Hosen drüber. Und dann müssen die Hosenbeine und die Matschhosenbeine in die gefütterten Stiefel.

Und es dauert so lange, bis Mama und Klara und ich das geschafft haben. Mama schimpft auf die Hosen, Klara heult, weil ihre Haare im Reißverschluss hängen. Ich kann nicht mehr im Flur hin und her rennen, weil die beiden im Weg sitzen. Und dann müssen wir auch noch die dicken Jacken anziehen, obwohl wir schon schwitzen. Und die Mützen. Und die Schals.

»Und die Handschuhe«, stöhnt Mama.

Ich will keine Handschuhe! Damit kann man keine Sandburg bauen.

»Dann halt nicht«, sagt Mama.

Und wir gehen. Und wir machen komische Geräusche bei jedem Schritt. Also die Matschhosen machen die Geräusche, als ich hinter Klara die Treppe runterrenne.

Unten schimpft unser Nachbar Herr Schmitteckert, weil Klara in ihn hineinrennt. Ich renne auch noch in ihn hinein. Er schimpft ja sowieso schon.

Dann gehen wir raus. Der Himmel ist blau, und die Luft ist kalt. Auf dem Spielplatz mitten im Sandburgbauen werden meine Hände plötzlich auch kalt. Und rot. Und tun weh.

Ich laufe zu Mama, die am Rand steht und von einem Fuß auf den anderen tritt. Sie geht in die Hocke. Dann reibt sie meine Hände zwischen ihren Händen und atmet ihren warmen Atem auf meine Finger. »Besser?«, fragt sie.

Ja.

»Willst du jetzt Handschuhe?«, fragt sie.

Na gut.

Und Mama holt meine roten Handschuhe aus ihrer Manteltasche. Ich ziehe sie an, und sie fängt an, auf und ab zu hüpfen.

»Was machst du da, Mama?«, frage ich.

»Frieren«, sagt Mama.

Ich gucke mir meine Mama an. »Mama«, sage ich. »Beim nächsten Mal musst du auch eine Matschhose anziehen.«

»Ja«, sagt Mama, »und eine dicke Jacke. Und vor allem warme Schuhe.«

»Und Handschuhe«, sage ich.

»Genau«, sagt sie. »Und vor allem Handschuhe.«

Es wird dunkel

Es wird wieder früher dunkel.

Das ist immer so im Herbst, sagt Mama.

Das ist nicht schlimm, finde ich.

Meistens.

Doof ist aber, dass wir dann nicht mehr so lange auf dem Spielplatz bleiben können. Weil wir nichts mehr sehen.

»Wo ist der Ball?«, fragt Enno.

Keine Ahnung. Gut, dass ich Theo Tiger zu Hause gelassen habe. Da ist er sicher und kann nicht verloren gehen.

Wir spielen also nicht mehr Ball schießen, sondern Ball suchen.

Ist auch lustig. Jedenfalls, wenn wir ihn wiederfinden.

Aber Mama und Anette frieren.

Und Klara ist langweilig, weil ihre Freundin Sarah schon gegangen ist.

Also müssen wir auch gehen.

Aber wir können noch mit zu Enno und Anette. Oder Enno und Anette können noch mit zu uns.

Enno will zu uns.

Ich will zu Enno.

Enno will mit meiner Eisenbahn spielen.

Ich will mit Ennos Feuerwehr spielen.

Mama und Anette entscheiden, dass wir zu uns gehen, weil wir direkt um die Ecke wohnen. Mama macht für alle Würstchen und Gurkensalat. Klara, Enno und ich spielen mit der Eisenbahn.

»Aber das nächste Mal«, sage ich, »will ich zu Enno.«

»Und dann«, sagt Enno, »will ich wieder zu dir.«

»Und dann«, sage ich, »will ich wieder zu dir.«

»Und dann«, sagt Enno, aber Mama unterbricht ihn: »Jaja«, sagt sie. »Genauso machen wir das. Möchte jetzt jemand noch ein Würstchen?«

»Kann das Würstchen mit der Eisenbahn zu mir fahren?«, frage ich.

»Nein.«

»Schade.«

Finden Enno und Klara auch. Aber wir essen trotzdem jeder noch drei Würstchen.

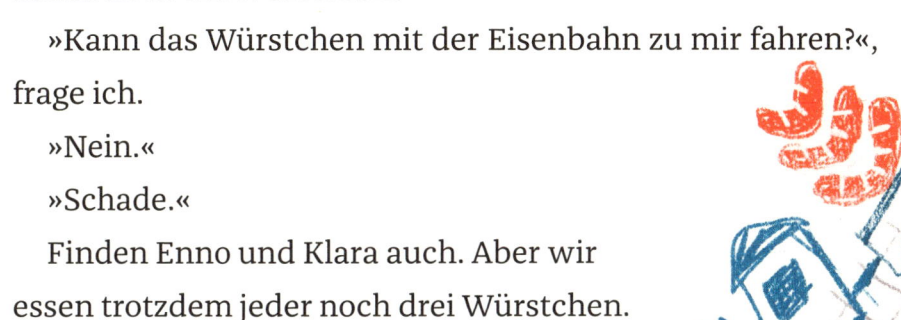

Herr Schmitteckert von unten

Ich sitze allein im Treppenhaus.

Mama und Klara sind schon oben. Mama hat die Einkäufe getragen, Klara ihren Kita-Rucksack.

Mein Kita-Rucksack liegt auf dem Boden vor mir. Ich sitze unten auf der ersten Treppenstufe. Ich will, dass Mama mich und meinen Rucksack nach oben trägt. Aber Mama will nicht.

Ich schreie: »Mama. Maaama!«

Mama schreit zurück: »Komm rauf.«

Ich schreie: »Maaama. Ich bin aber so müüüde!«

Mama schreit: »Ich auch.«

Dann schreit sie: »Schrei nicht so im Treppenhaus. Das ist zu laut.«

Wahrscheinlich stimmt das, denn in diesem Moment geht hinter mir die Wohnungstür von Herrn Schmitteckert auf.

Herr Schmitteckert sagt: »Hallo, junger Mann.«

Und ich denke, er wird jetzt gleich sagen: Schrei nicht so! Das ist zu laut.

Stattdessen sagt er: »Willst du dir mal meine Eisenbahn ansehen? Es ist eine Weihnachtseisenbahn.«

Na, und ob ich das will.

»Darf meine Schwester auch?«, frage ich.

»Aber natürlich«, sagt Herr Schmitteckert.

Da renne ich die Treppen hinauf. Und dann renne ich sie wieder runter, weil ich meinen Rucksack vergessen habe. Als ich endlich mit dem Rucksack oben bin, rufe ich: »Klara, komm, wir dürfen eine Eisenbahn anschauen. Mama, dürfen wir die Eisenbahn von dem Herrn Schmitteckert anschauen?«

Wir dürfen. Und Klara kommt mit.

Die Eisenbahn ist wunderschön.

Sie fährt immer im Kreis herum, an Häusern vorbei mit Schnee auf den Dächern und Lichtern in den Fenstern. Zwischen den Häusern stehen kleine Kühe und kleine Bäume.

Wir stehen ganz lange da und gucken.

Und Herr Schmitteckert schimpft nicht mal, als ich mit dem Finger über eine verschneite kleine Tanne streichle.

»Dürfen wir mal wiederkommen?«, fragt Klara, als wir gehen.

»Jederzeit«, sagt Herr Schmitteckert.

Von da an schleichen wir nicht mehr an Herrn Schmitteckerts Tür vorbei. Wir klingeln bei ihm und fragen, ob wir die Eisenbahn angucken dürfen.

Und wir dürfen jedes Mal.

Plätzchen backen

Wir backen Plätzchen. Wir backen so gerne Plätzchen, Klara und ich!

Mama sagt, sie backt auch gerne Plätzchen.

Papa sagt, na gut, dann will er aber auch mitmachen.

Zuerst machen wir den Teig.

Klara haut ein Ei in eine Schüssel, es fallen Stücke von der Schale mit rein, aber Mama fischt sie wieder raus, und Klara darf rühren.

Dann wiegt Mama Zucker ab, und ich kippe ihn in die Schüssel und darf rühren. Dann kommt Butter. Dann kommt Mehl. Und dann greift Mama mit den Händen in die Schüssel und knetet die Teigpampe, bis sie ein dicker Klumpen geworden ist.

Papa, Klara und ich dürfen probieren. Ich will aber nicht.

Klara sagt: »Lecker.«

Papa sagt: »Mehr Zucker.«

Dann muss der Teigklumpen in den Kühlschrank. Klara und ich stehen vor der geschlossenen Tür.

Klara fragt: »Wann kann der wieder raus?«

»Gleich«, sagt Mama.

»Jetzt?«, frage ich.

»Nein«, sagt Mama. »Kommt mal her solange.«

Und dann bekommen Klara und ich jeder eine kleine Schüssel, und Mama streut uns hinein: bunte Streusel und Schokoladenraspel und kleine Sterne in Rosa und Blau und Grün. Wir müssen natürlich probieren.

»Ich finde die Sternchen am besten«, sagt Klara.

»Ich auch«, sage ich.

Endlich holt Mama den Teig aus dem Kühlschrank. Und wir bekommen jeder einen kleinen Klumpen: Papa, Klara und ich.

Mama hilft uns beim Ausrollen. Und dann stechen wir aus.

Manchmal wollen die Teigsterne und Teigengel sich nicht aus dem Ausstecher lösen, aber meistens wollen sie doch.

Als das erste Blech voll ist, schiebt Mama es gleich in den Ofen.

»Wann können die wieder raus?«, fragt Klara.

»Bald«, sagt Papa und stellt den Küchenwecker.

»Jetzt?«, frage ich.

»Nein«, sagt Papa. »In acht Minuten. Kommt mal her so-lange.«

Und wir stechen weiter aus. Klara hat Teig im Haar und Papa Mehl im Gesicht. Gerade als das nächste Blech voll ist, klingelt der Wecker, und Mama holt die fertigen Plätzchen aus dem Ofen.

Sie sind noch ganz heiß.

Wir sollen schon wieder warten.

Papa aber klaut sich eins. »Au«, ruft er und wedelt mit der Hand vor dem Mund herum.

Mama schüttelt den Kopf. »Wie alt bist du?«, fragt sie.

Dann pustet sie auf ein Plätzchen für jeden von uns, und wir dürfen probieren.

»Lecker«, sagt Klara. »Aber es fehlen die Sternchen.«

Spielsachen

Klara hat zwei Puppen. Zu Weihnachten wünscht sie sich noch eine. Eine, die aussieht wie ein richtiges Baby. Die »Mama« sagen und Pipi machen kann.

»Bist du sicher, du findest die schön?«, fragt meine Mama, als Klara ihr die Puppe im Spielzeugladen zeigt.

»Ja«, sagt Klara.

»Und die?« Mama hält eine Puppe aus Stoff hoch.

»Nein«, sagt Klara.

»Na gut«, sagt Mama. »Ich werde es dem Christkind ausrichten.«

»Sagst du dem Christkind, dass ich auch eine haben will?«, frage ich.

»Du möchtest auch so eine Puppe?«

»Ja!«

»Nicht lieber ein Feuerwehrauto?«

Ich überlege. »Ein Feuerwehrauto und eine Puppe.«

Mama nickt. »Natürlich.«

Zu Hause spielen wir mit Klaras Puppen. Erst zieht Klara eine Puppe aus, dann zieht sie die Puppe wieder an. Dann gibt sie mir die Puppe zum Halten. Dann zieht sie die andere Puppe aus und wieder an. Und gibt mir auch die Puppe zum Halten.

Manchmal darf ich auch eine Puppe ausziehen. Und Klara zieht sie dann an. Anziehen ist nämlich sehr schwierig, das kann ich noch nicht.

Ich kann die Puppen aber sehr gut in Klaras Puppenwagen herumfahren. Theo Tiger darf auch mit. Wenn Klara den Puppenwagen schieben will, nehme ich den Laufwagen. Dann rennen wir hintereinander durch die Wohnung. Immer schneller und schneller. Bis wir irgendwann gegen Papa fahren. Oder gegen Mama. Ich weiß nicht, warum das immer passiert.

»Unsere Wohnung ist zu klein«, erklärt mir Klara.

»Mein Traktor auch«, sage ich, während ich versuche, die kleinere Puppe auf meinen Traktor zu setzen. »Mama«, sage ich, »ich brauche auch noch einen neuen Traktor. Sag das dem Christkind.«

Mama kommt und setzt sich neben mich auf den Teppich. Dann kommt Papa und setzt sich neben Klara auf den Teppich.

»Wisst ihr«, sagt Papa, »man braucht nicht unbedingt immer neue Spielsachen.«

»Ja«, sagt Mama, »es geht ganz prima so.«

Und dann bauen wir aus Legosteinen, Kissen und Spielzeugkisten ein Haus für die Puppen und ein Gehege für Theo. Und setzen sie in den Traktoranhänger. Und fahren sie durch die ganze Wohnung.

Das macht Spaß.

Mama und Papa sind sehr zufrieden.

»Jaha«, sage ich, »aber was ist, wenn es jetzt brennt? Dann brauchen wir ein Feuerwehrauto.«

»Und«, sagt Klara, »eine Puppe, die laut schreit.«

Weihnachten

Bald ist Weihnachten.

Das sagen alle. Mama und Papa. Und Beril und die anderen Erzieherinnen.

»Mama«, sage ich fast jeden Morgen zu meiner Mama, außer wenn ich es vergesse: »Ist heute Weihnachten?«

»Nein, mein Hase«, sagt Mama.

»Morgen?«

»Nein. Guck doch mal auf den Adventskalender.«

Das mache ich gerne. Und ich zähle die bunten Tütchen, die an der Schnur im Wohnzimmer hängen. Noch sechs. Noch fünf. Noch vier. Noch drei. Noch zwei.

Es ist Weihnachten!

»Hurra!«, schreie ich. »Und was machen wir jetzt?«

»Frühstücken«, sagt Papa.

»Baum schmücken«, sagt Mama.

»In die Kirche gehen«, sagt Klara.

»Und dann?«, frage ich.

»Dann kommt das Christkind«, sagt Mama.

Das Christkind ist das Engelchen, das die Geschenke bringt. Es hat Flügel und wohnt in den Wolken. Das weiß ich aus den Büchern, die Mama mit uns anguckt.

Also frühstücken wir Toast aus der Pfanne. Den

machen Mama und ich. Der Toast kommt in eine Eiermilch, die ich rühre, und in die Pfanne, auf die Mama aufpasst. Es riecht gut.

»Sirup, bitte«, ruft Klara.

Und wir essen Toast mit Sirup und Obstsalat.

Dann schmücken wir den Baum. Dabei muss man ganz doll aufpassen, damit die Kugeln nicht kaputtgehen.

»Vorsicht! Warte!«, sagt Papa oft. Und hebt uns dann hoch, damit wir oben an die Zweige kommen.

Der Baum riecht auch gut. Und sieht schön aus mit den Kugeln und Äpfeln und Schneemännern und Nussknackern.

Als es draußen dunkel wird, gehen wir in die Kirche. Das ist nicht weit. Ganz viele Leute kommen. Drinnen brennen Kerzen. Es gibt eine Krippe.

Und ein Theaterstück, das Krippenspiel heißt. Klara hört zu, ich muss aber immer wieder die Krippe angucken gehen. Am besten gefallen mir die Schafe und die Kuh.

»Das ist ein Ochse«, sagt Papa, der mir nachgegangen ist. »Eine männliche Kuh. Und das Kind in der Krippe ist das Christkind.«

»Das ist doch ein Baby«, sage ich. »Wo sind denn seine Flügel?«

»Hm«, sagt Papa. »Die wachsen noch.«

»Ach so«, sage ich.

Als wir wieder zu Hause sind, müssen Papa, Klara und ich im Flur warten. Mama ist im Wohnzimmer. Ich höre sie umhergehen.

»Dürfen wir jetzt rein, dürfen wir jetzt rein?«, fragen wir.

»Noch nicht«, sagt Papa.

Dann klingelt ein Glöckchen.

Und wir dürfen rein.

Oh, wie viel schöner der Baum jetzt ist! Alle Kerzen sind angezündet. Und die Kugeln glänzen.

Und was liegt da unter dem Baum?

»Geschenke!«, ruft Klara.

»Das«, sage ich, »hat das Engelchen aber gut gemacht.«

Silvester

Weihnachten ist vorbei. Und Silvester auch. Das ist die Nacht, in der wir alle lange aufbleiben, Mama und Papa und Klara und ich. Und Enno und seine Mama, die Anette, und sein Papa, der Bert, auch.

Das macht Spaß! Wir spielen und spielen. Alle zusammen. Und essen und essen. Und dann essen die Großen noch weiter, während wir wieder spielen. Bis wir irgendwann müde werden. Zuerst Enno. Dann Klara. Dann Anette, obwohl die schon groß ist. Ich nicht. Ich habe aber auch einen Mittagsschlaf gemacht. Ausnahmsweise.

Und dann sagt Papa: »Jetzt ist es gleich Mitternacht. Ich hole mal den Sekt.«

Und dann gießt Mama Sekt in vier hohe Gläser und Apfelschorle in drei hohe Gläser, und dann wecken wir Klara und versuchen auch, Enno zu wecken, aber das geht nicht. Er bohrt den Kopf ins Sofakissen und schläft weiter.

Und dann rufen wir alle außer Enno: »Prost Neujahr!« Und stoßen mit den Gläsern an, dass sie klirren.

Und stellen uns auf den Balkon und gucken, wie bunte Lichter in den Himmel hinaufschießen. Und halten Wunderkerzen, die Funken sprühen.

Schön.

Dann ist es vorbei, und wir gehen ins Bett. Enno wird ins Bett getragen, und wir schlafen alle ganz lang.

Also Klara und ich finden, dass wir ganz lang geschlafen haben, aber Papa und Mama stöhnen, als wir aufstehen und anfangen zu spielen und Frühstück wollen.

Aber Mama steht dann auch auf und macht uns Müsli.

Und Papa kommt und macht sich Kaffee.

»Morgen ist wieder Kita«, sagt Mama, als wir am Küchentisch sitzen. »Die Feiertage sind leider vorbei.«

Das habe ich schon gemerkt. Die Kerzen vom Adventskranz sind heruntergebrannt. Und der Adventskalender ist alle. Ich gucke immer mal wieder in die Tütchen hinein, aber es ist nichts mehr drin.

»Schade«, sage ich.

»Allerdings«, sagt Papa.

Und dann kommen Klara und ich aus der Kita nach Hause, und der Weihnachtsbaum ist nicht mehr da.

»Mama!«, schreie ich. »Der Baum ist weg. Wo ist unser Baum? Hat das Christkind ihn wieder mitgenommen?«

»Nein«, sagt Mama, »das war
bloß die Müllabfuhr.«

Es wird Frühling

Wir sind unterwegs zum Markt. Da gibt es Blumen, die Mama kaufen möchte, und die leckere Fleischwurst, die Mama mir kaufen soll. Wir gehen Hand in Hand die Straße entlang. Es ist eine Allee, sagt Mama.

Das heißt, es gibt hier viele Bäume.

»Es wird Frühling«, sagt meine Mama. »Endlich.«

»Mama«, sage ich. »Woran merkt man, dass es Frühling wird?«

»Es wird wärmer«, sagt Mama und hält das Gesicht in die Sonne. »Fühlst du es?«

»Ja.« Ich recke mein Gesicht nach oben wie sie. Ich muss mir allerdings die Mütze aus den Augen schieben, damit ich etwas sehe.

»Und die Vögel zwitschern«, sagt Mama und bleibt mit mir stehen. »Hörst du sie?«

Ein Auto fährt an uns vorbei, dann noch eins. Wir warten, bis die Autos weg sind, ich schiebe meine Mütze beiseite, und da höre ich die Vögel singen.

Mama lächelt. »Schön, oder?«

»Ja. Warum machen die das?«, frage ich.

»Im Frühling bringen die Vogelherren den Vogeldamen ein Ständchen«, erklärt Mama. »Die Tiere erwachen aus ihrem

Winterschlaf. Und die Pflanzen auch. Da, schau.« Und sie zeigt in den nächsten Vorgarten.

Durch die Gitterstäbe kann ich Erde sehen und Schneereste und kleine weiße Blumen mit ganz grünen Stängeln.

»Schneeglöckchen«, ruft meine Mama erfreut. »Ich liebe Schneeglöckchen.«

»Ich auch«, sage ich.

»Schau nur, Oskar, wie sie die Köpfchen zur Sonne strecken.« Meine Mama schaut und schaut.

»So wie wir eben«, sage ich.

Mama lacht. »Ja, genau.«

Ich überlege. Dann ziehe ich meine Mütze vom Kopf. »Hier, Mama.«

Meine Mama hält überrascht meine Mütze in der Hand. »Aber Oskar. So kriegst du doch kalte Ohren.«

»Nein, Mama«, erkläre ich ihr. »Ich halte meinen Kopf in die Sonne. Und es ist auch schon viel wärmer. Es wird nämlich Frühling, weißt du.«

Ich werde bald vier

»Mama«, frage ich, »wann habe ich Geburtstag?«

»In vier Wochen«, antwortet meine Mama.

»Aber Mama, du hast gestern schon gesagt, in vier Wochen.«

»Ja, stimmt. Heute sind es vier Wochen minus ein Tag.«

»Okay. Und wie alt werde ich da? Werde ich vier?«

»Ja«, sagt meine Mama.

»Bin ich dann noch größer als jetzt?«

»Ja«, sagt meine Mama wieder.

Das finde ich gut.

»Das finde ich gut, Mama«, sage ich. »Was kann ich dann, wenn ich vier bin?«

Meine Mama überlegt. »Alleine einen Schwimmkurs machen.«

Uh. Das will ich aber gar nicht.

»Das will ich aber gar nicht«, sage ich.

Meine Mama lacht. »Musst du ja auch nicht. Mal überlegen. Du kannst in Puppentheaterstücke gehen für Kinder, die schon vier sind. Da durftest du vorher nicht rein.«

Ha. Das ist doch gut.

»Das finde ich gut, Mama«, sage ich. »Und kriege ich Geschenke, wenn ich vier werde?«

Meine Mama lacht. »Ich glaube schon. Was wünschst du dir denn?«

»Ein Fahrrad!«, rufe ich. »Ein Fernrohr. Eine Taschenlampe. Und eine Trommel, die so laut ist, dass alle Nachbarn sie hören.«

Da lacht meine Mama noch mehr. »Ja, eine Trommel ist toll. Aber unsere Nachbarn fänden es wohl nicht so toll, wenn sie die Trommel immer hören müssten. Das würde sie stören, fürchte ich.«

Vielleicht denkt sie an Herrn Schmitteckert, der früher nicht wollte, dass wir laut lachen. Ich habe aber vor Herrn Schmitteckert keine Angst mehr. Herr Schmitteckert ist mein Freund.

»Na gut«, sage ich. »Dann warten wir mit der Trommel noch.«

»Warten?«, fragt meine Mama.

»Ja. Bis ihr das große Haus gekauft habt, wo wir ganz viel Platz haben und niemanden stören.«

»Das große Haus?«

»Ja. Das wünsche ich mir zum nächsten Geburtstag.«

Wieder Geburtstag

Ich habe wieder Geburtstag. »Ich finde es gut, dass man immer wieder Geburtstag hat«, sage ich zu meiner Mama. »Wann hast du noch mal Geburtstag?«

»Im Sommer.«

»Wirst du da alt?«

»Ja.«

»Und wann hat Papa Geburtstag?«

»Im Spätsommer.«

»Und Klara?«

»Im Herbst. Aber heute hast du Geburtstag.«

Ja, das habe ich. Osterglocken stehen auf dem Küchentisch, bunt eingepackte Geschenke liegen daneben, eine Luftballongirlande hängt darüber.

Und vier Kerzen stecken auf dem Feuerwehrkuchen.

Ich kann schon ganz lange bis vier zählen. Ich kann sogar eine Vier lesen. Klara hat eine für mich auf eine Karte gemalt. Und drum herum ein Bild. Da bin ich drauf, sagt sie. Und daneben hat sie sich gemalt und Mama und Papa und Theo Tiger. Sagt Klara.

Mama fragt, ob Theo Tiger beim Auspusten helfen soll.

Aber Theo Tiger liegt in meinem Bett und schläft. Warum soll ich ihn wecken?

Ich muss jetzt ja auch Geschenke auspacken.

Und bald kommen meine Geburtstagsgäste. Oma und Opa und Enno und Luise. Omi und Opi haben ein Paket geschickt. Und eine Karte. Auf der Karte sind Kühe drauf, im Paket ist ein neuer Traktor mit einem Anhänger.

»Der ist ja riesig!«, ruft meine Mama.

Klar.

»So muss das sein«, erkläre ich ihr.

Papa lacht.

Klara isst noch ein Stück Kuchen.

Und Mama umarmt mich. »Mein Baby«, sagt sie.

»Ich bin kein Baby«, sage ich.

»Mein kleiner Mann?«, sagt Mama.

»Auch nicht.«

»Mein großer Junge?«

»Ja. Aber eigentlich ...«

»Ja?«

»... eigentlich bin ich einfach Oskar.«

Inhalt

Charlotte Inden, 1979 geboren, fertigt neuerdings Auftragsarbeiten an: Ihre Söhnchen wollten unbedingt Geschichten von so einem kleinen Räuber hören, wie sie selbst welche sind. Wunsch hiermit erfüllt! Die ganze Räuberbande lebt in Karlsruhe, wo Charlotte Inden als Redakteurin bei einer Tageszeitung arbeitet. Nach ihrem Jugendbuch *Anna und Anna* (2013) folgte das Kinderbuch *Operation 5 minus* (2014) bei Hanser.

Pe Grigo, geboren im Winter 1972, zeichnet seit ihrem zweiten Lebensjahr. Nach absolvierter Kindheit, Ausbildung und Studium hat sie die Zeichnerei zum Beruf gemacht und illustriert nun seit vielen Jahren mit Herz und Seele Geschichten für Groß und Klein. Wenn sie das Atelier verlässt, trifft man sie spazierend im Teutoburger Wald oder im Garten hinter ihrem sonnengelben Haus. Mehr unter www.pegrigo.de.